AF497349

LE

DÉCRET DU 13 FÉVRIER

ET LES

INDIGÈNES MUSULMANS

ALGER

IMPRIMERIE DE L'ASSOCIATION OUVRIÈRE P. FONTANA ET Cⁱᵉ

1883

LE

DÉCRET DU 13 FÉVRIER

ET LES

INDIGÈNES MUSULMANS

ALGER

IMPRIMERIE DE L'ASSOCIATION OUVRIÈRE [ILLEGIBLE]

1883

DÉDIÉE A M. Louis GUILLOT

DÉPUTÉ DE L'ISÈRE

C'est auprès de vous, au cours de l'heureux temps passé sous votre toit, que j'ai contracté le goût de l'étude des questions sociales qui, de près ou de loin, se rattachent à l'instruction publique et au développement de la Colonie française en Algérie.

J'accomplis un devoir en plaçant votre nom en tête de cette modeste étude.

La dédicace vous en appartient de droit, et tous mes vœux seront comblés si vous en agréez l'hommage.

Vos bienfaits datent de plusieurs années, mais vous me croirez bien sincère quand je vous dirai que le reconnaissant souvenir m'en restera toujours jeune,

A. BRIHMAT.

7 octobre 1883,

LE DÉCRET DU 13 FÉVRIER

ET LES

INDIGÈNES MUSULMANS

L'accueil fait par les conseillers municipaux musulmans à l'adoption des mesures prises pour l'exécution du décret du 13 février 1883 relatif à l'instruction primaire obligatoire, a ému avec juste raison la Presse algérienne.

La *Vigie* du 23 septembre a publié un article remarquable sur l'avenir politique et social des populations indigènes de l'Algérie.

Le *Petit Colon* a consacré quelques lignes à cette question ; et le *Petit Algérien*, dans un magnifique article de fond, a récemment démontré l'histoire des Arabes à la main, les erreurs de MM. Hamdan ben M'rabet et Kaddour ben Abderrahman.

Le même journal, dans « les *Conseils donnés* à la date du 30 septembre à *nos concitoyens*

musulmans » a été plein d'une verve et d'une
générosité toutes françaises, puissent-ils être
écoutés sans retard par nos coreligionnaires !

Les honorables **Si Hamed ben Youssef** de
Blida, **Si Alloua ben Yahia** de Mostaganem, ont
protesté avec une vivacité peut-être excessive
contre les conseillers municipaux musulmans.

Le jeune **Mahieddin-Chérif** et **Ben-Louzan**
plaident pour la théorie de ces conseillers ; tous
sont, je le crois, animés d'excellents sentiments ;
mais nous pouvons conclure qu'ils n'ont proposé
aucun *modus vivendi* à venir concernant la
question elle-même et son application, ni une
mesure transitoire satisfaisant tout le monde ;
c'est ce que j'ai l'intention de faire dans ce
modeste travail, et pour cela, je crois indispen-
sable de retracer, aussi brièvement que possible,
l'historique de l'instruction publique en Algérie
avant et après 1830.

En 1830, les musulmans n'étaient pas si
arriérés sous le rapport de l'instruction qu'on
s'est presque toujours plu à le dire ; douze
sciences étaient étudiées à la grande mosquée de
la rue de la **Marine d'Alger**.

Les cheiks **El Harrar**, **Ben Chabed**, **El Men-**

guellati, Sidi Amar, Ben Djaadoun, professaient avec compétence et autorité.

Il y avait environ en Algérie 2.000 écoles primaires et supérieures vivant toutes sur l'usufruit des biens Habbous : on étudiait la philosophie suivant Ibnou Rochd et Ibn Sina, suivant aussi les traductions de Xénophon et d'Aristote ; la magnifique littérature arabe avait de nombreux amants ; la médecine était suivie et pratiquée d'après la méthode de Abou Daoud El Entaqui, la grammaire et le droit musulman, qui formaient la base des connaissances ordinaires, étaient grandement répandus, l'astrologie et l'astronomie formaient l'objet d'études et d'observations spéciales.

Dès 1830, l'exil et l'émigration privaient l'Algérie de ses plus brillants savants ; les mesures politiques et administratives supprimaient certaines écoles supérieures ; les autres cessèrent de vivre dès que les biens Habbous devinrent le domaine de l'Etat, les rares écoles qui survécurent au désastre devaient leur existence à la générosité musulmane; vingt années suffirent pour faire tomber les indigènes dans un affaissement moral dont ils ne se sont plus relevés.

Emu de cette situation, le Gouvernement fonda, en 1856, les Medersas qui fournirent des sujets aux emplois de la justice musulmane, aux bureaux Arabes, aux administrations civiles et au clergé.

Quelques rares écoles avaient fait leur apparition en 1850 à Alger, à Blida, Constantine, etc.

Je m'étendrai plus longuement sur les medraças et les réformes à y apporter — réformes indispensables — j'en ferai d'ailleurs une étude spéciale.

Je puis, d'ores et déjà, dire qu'elles se meurent : la mederça de Constantine ne possède plus que six élèves qui, depuis trois ans, n'ont pas touché un sou de leurs allocations réglementaires. Celle d'Alger n'existerait plus si on n'avait pas besoin de ses rares élèves pour l'école de droit.

Chacun sait, à Alger, dans quelle lamentable direction elle se trouve depuis la mort de mon regretté père Si Hassen ben Brihmat.

En 1857, l'illustre maréchal Randon adressait à l'Empereur un rapport circonstancié sur les fruits à obtenir des aptitudes musulmanes et concluait à la fondation d'écoles de tribus et de collèges.

Effectivement, 18 écoles furent installées à Tourtatsine, Oued Amizour, etc., etc., et en 1858 le collége arabe-français était fondé et confié à mon vénéré et immortel maître, le docteur Perron ; plus tard, à un homme aussi afable que savant, le regretté Cherbonneau.

Sous ces deux habiles directions, le Collége arabe suivit l'enseignement secondaire spécial et eut l'insigne honneur d'envoyer des élèves à l'école militaire de Saumur, de Saint-Cyr, d'Alfort (qui donna ce cher ami Ben Aouchen qui, chargeant volontairement à la tête des spahis, tombait naguère frappé au cœur par les balles sénégalaises).

Les écoles normales de Versailles, de Cluny et d'Alger eurent leur contingent de musulmans, mêmement, l'école d'agriculture de Grignon, l'école de médecine d'Alger, enfin un élève musulman se présenta à l'école polytechnique et fut déclaré admissible.

Les rigueurs du climat de la France l'empêchèrent de continuer ses études et il termine aujourd'hui sa licence en droit à Alger.

Tels furent les brillants résultats obtenus dans cette institution civilisatrice ; tels sont aussi les immenses bienfaits répandus sur les musulmans par le maréchal Randon.

C'était aussi une institution politique, car le collège possédait à côté du fils du fellah et de l'ancien troupier, les fils des grandes tentes, et les bienfaits répandus sur les enfants empêchaient les pères de s'insurger.

Qu'on me permette de saluer ici ces chers copains, morts aujourd'hui les uns à Reischoffen, les autres à Saint-Privat ou à la reprise d'Orléans et aussi Abdallah, mort il y a quelque temps, victime de son trop grand patriotisme, puis Mohamed Tounsi, qui brisa son sabre et le jeta dans la Moselle plutôt que de le rendre aux Prussiens !

Enfin, que nos vœux sincères et fraternels accompagnent le capitaine Omar ben Hamed, en mer à l'heure présente à destination du Tonkin !

Les écoles des tribus donnaient d'excellents résultats, maîtres arabes et français rivalisaient de zèle et d'ardeur.

En 1871, d'un trait de plume, l'amiral de Gueydon supprima les collèges de Constantine et d'Alger, les écoles des tribus, refondit les collèges dans les lycées et passa outre.

Cette fusion n'eut pas le résultat qu'il en

attendait, j'ai pu le constater moi-même en 1877.

Appelé par M. le Recteur de l'Académie d'Alger à remplacer momentanément et pendant sa maladie mon savant ami Machuel, et, sur son avis, au Lycée, j'y fis pendant deux mois environ le cours supérieur d'arabe. Je remarquai avec un amer regret que mes coreligionnaires étaient pour leur langue et pour le français d'un niveau bien inférieur à celui de leurs condisciples européens.

J'en rendis compte à M. le proviseur et plus tard à M. de Salve.

Le mal n'était pas encore bien grand et avec un peu de bonne volonté, on serait certainement arrivé à équilibrer le niveau des études : mais voilà qu'en 1878 et 1879 les rattachements du territoire militaire au territoire civil firent rentrer dans leurs foyers quantité d'élèves indigènes du Lycée, les sommes portées sur les budgets des communes indigènes comme contingents de l'instruction publique et inscrites d'office à ce titre furent supprimées par la nouvelle administration. L'école des Arts-et-Métiers de Fort-National, l'école de filles d'Ighil Ali ont été aussi supprimées. Le local de cette dernière école a été vendu aux Pères Blancs. Ce fut certainement une faute.

Le Gouvernement de la République pensa à la réparer en répandant l'instruction parmi les indigènes musulmans sous une autre forme.

En 1876, les Medereas furent réorganisées et munies d'un conseil de perfectionnement, la création de vingt écoles pour la Kabylie fut décrétée : trois à peine sont installées !

Ce n'est pas assez.

En territoire arabe, on ne fit absolument rien.

Je tiens à relever ici une accusation erronée portée contre les Arabes des tribus : on a toujours prétendu qu'ils refusaient d'instruire leurs enfants.

Les Arabes sont dans l'impossibilité de ce faire et pour une raison bien facile à comprendre.

Je prends, par exemple, le village de l'Arba ou de Boufarik.

Le village est français et l'école est située au milieu du village.

Dans un périmètre de quatre ou cinq kilomètres, les fermes et les propriétés sont françaises.

De ce fait, les indigènes se trouvent forcément éloignés de l'école.

Or, pour un enfant de 7 à 12 ans, peut-on, en bonne conscience, exiger de lui qu'il fasse quotidiennement 16 ou 20 kilomètres pour se rendre à l'école ?

Il y a impossibilité physique, pour lui, à parcourir un pareil trajet.

En admettant même qu'il passe à l'école toute la journée, la distance se trouve sans doute réduite de moitié, mais en hiver, et avec la « sécurité algérienne » un enfant peut-il sans danger parcourir seul une pareille distance à travers champs ?

Les petits indigènes qui, de ma ferme, se rendaient à l'école de l'Arba, devaient, dans ma voiture, parcourir par jour vingt-huit kilomètres !

A mon avis, le seul remède à apporter à cet état de choses, serait la réinstallation des écoles de tribus avec obligation absolue, sous peine d'encourir une punition, par le père ou le tuteur d'envoyer régulièrement l'enfant à l'école.

Telle est, je crois, fidèlement dépeinte, la situation actuelle, elle est fort triste et il serait grand temps d'y apporter un prompt remède.

Nos lois et nos mœurs, interprétées d'une manière peu heureuse par MM. Ben Mrabet et

Ben Abderrahman, ne s'opposent nullement à l'introduction de réformes dans l'instruction des enfants arabes des deux sexes ; elles nous font même un rigoureux devoir de les désirer de tous nos vœux et de les appliquer d'une manière absolue.

Qu'il me soit permis de citer, en empruntant le texte de la tradition du Prophète, les maximes suivantes :

« Le plus méritant d'entre vous, ô musulmans, est celui qui a acquis la science et qui la transmet à ses semblables. »

« Recherchez la science, fût-ce en Chine. »

Ibnou-Sina ne cessait de dire : « L'étude des langues complète l'homme. » Et à l'exemple du philosophe grec, il s'écriait : « Qui possède deux langues, possède deux âmes. »

Il serait facile, le cas échéant, de multiplier des citations identiques et se rapportant toutes au même sujet.

Nous lisons dans Ibn Khaldoun : « L'existence des sciences et de l'enseignement dans l'état civilisé est un fait conforme à la nature. »

Aboul-Kacim Ferdouci écrivit dans son « livre des Rois » : « L'instruction est le plus grand de tous les dons de Dieu, la célébrer est la meilleure des actions. »

Quant à ce qui a trait à l'instruction de la femme, que mes coreligionnaires et surtout l'honorable Sidi Hamdan ben Mrabet, que je contredis avec tout le respect que je lui dois, me permettent de leur rappeler que la première école de filles musulmanes fut fondée par la cousine germaine du Prophète, femme d'un cousin direct du Prophète : je veux dire Zobéïda, épouse de Haroun Errachid ; c'était en 152 de l'Hégire. 600 filles devinrent pensionnaires de l'école.

El Mamoun, second fils de Haroun Errachid, dès son avénement au trône, fit traduire les auteurs grecs et latins et fit venir d'Athènes des femmes savantes à l'effet d'instruire les jeunes musulmanes.

Les filles juives et chrétiennes furent admises dans ces écoles.

Cet exemple fut suivi à Fez, plus tard à Cordoue et à Grenade et surtout à Séville.

Je puis citer comme résultat de la fusion, une jeune juive, poète arabe, élève de l'école de Séville ; elle était fille de l'illustre poète Ibrahim Ibnou Sahl el Israéli.

J'engage mes coreligionnaires à lire d'elle une pièce de vers exquis dans le deuxième volume d' « El Makkari. » (Histoire de l'Andalousie).

Mêmement, l' « Histoire de la femme du cadi de Loucha » (Luchon) : celui-ci ne rendait jamais aucun jugement sans en avoir préalablement conféré avec elle ; il est vrai qu'à ce titre il s'attira de quelques malententionnés des poésies à son adresse aussi fines que mordantes.

Dois-je citer ici l'immortelle Oullada, cette femme supérieurement instruite, poète et philosophe, émule et amie politique du vizir andalou au double portefeuille, Ibnou Zeïdoune.

Et à ce propos, que l'honorable auteur de l'article du *Petit Algérien* me permette de placer une modeste observation sur la femme cadi.

L'Iman Abou Hanifa (avec toute la déférence que je dois à mon maître le docteur Perron), n'a jamais déclaré que la femme musulmane pouvait remplir les fonctions de cadi et juger les différends entre hommes musulmans.

Il a très simplement et très clairement permis à la femme musulmane, qui réunit les conditions juridiques voulues, d'être consultée par les fem-

mes sur les questions délicates que la femme ne
peut, pour cause de décence, adresser à un homme,
si cadi qu'il puisse être.

La femme joue alors le rôle de cadi parmi les
femmes.

A Alger même, à côté de quelques dames musulmanes, honorées à juste titre et qui joignent
aux charmes d'une parfaite éducation ceux d'une
instruction française, nous avons le bon-
heur de posséder une dizaine de dames mauresques lettrées et savantes dans leur langue et qui
sont sans cesse consultées dans les conditions
stipulées par Bou Hanifa. La condition sociale
de la femme est loin d'être telle que l'a dépeinte
l'auteur de l'article sur « Le cadastre en Algérie »
dans le *Petit Algérien*.

La femme arabe ne se vend pas et ne s'achète
pas, la loi musulmane la protège ; elle n'a jamais
été esclave et, tant en matière civile qu'en matière successorale, elle bénéficie de droits dont
certes ne bénéficie pas la femme française.

J'engage vivement l'auteur de l'article précité
de lire le parallèle entre la femme musulmane et
la femme chrétienne au point de vue des droits
établis pour chacune d'elles par leur loi res-

pective. « Charles Mismer : *Soirées de Constan-
tinople.* »

Si la femme arabe n'est pas aujourd'hui plus
instruite, c'est que, depuis 1830, il n'y a pas eu
d'institution pour la recevoir.

Je ne parle pas des ouvroirs musulmans aux-
quels font allusion Mahieddin Chérif et Mustapha
ben Louzan.

Ils ont malheureusement dit la vérité sur les
résultats obtenus, laissant de côté les causes qui
ont amené ces résultats.

Ce désastre touche de trop près certaines per-
sonnalités ; il est, je crois, convenable de passer
outre.

Je ne puis décemment l'attribuer à l'école elle-
même, comme semblaient le faire Mahieddin Chérif
et Mustapha ben Louzan, dont la lettre nous a
valu l'article sur la prostitution dans la province
d'Alger, inséré dans le *Petit Algérien* du 4 octobre 1883.

Tout d'abord, ce ne sont pas les conseillers
municipaux musulmans qui ont inspiré la lettre
de Mahieddin Chérif et de Ben Louzan ; le véritable
auteur s'est caché derrière ces deux jeunes gens,
dans le but suivant :

Si elle avait reçu un accueil heureux, il s'en serait attribué tout l'honneur ; elle attire un désagrément, il s'en lave les mains.

Quand on est dans un ordre d'idées comme les siennes, on doit franchement entrer en lice et accepter la responsabilité absolue de ses actes.

Il nous prouve que la loyauté n'est pas dans son caractère.

L'article sur « la Prostitution » mentionne des chiffres *exacts*.

Comme statistique, nous lui opposons ces mêmes chiffres en lui laissant le soin de conclure...

Quant à la version de l'inquisiteur espagnol Don Diégno de Haedo sur les femmes mauresques, elle est plus qu'erronée, attendu que le système « des noyades » pour les prostituées, était à cette époque en pleine vigueur et, l'histoire à la main, nous opposons des auteurs français à l'auteur espagnol.

Les docteurs Perron, Sédillot, Noël des Vergers, Charles Mismer, ont tous traité la question de la femme arabe dans un sens absolument opposé à celui de Don Diégno de Haedo, et conforme au droit.

Je vais signaler à l'honorable rédacteur du *Petit Algérien* les différentes causes qui, à mon humble avis, ont augmenté dans d'effroyables proportions la prostitution en Algérie, en ayant soin de faire remarquer qu'elle ne prend pas naissance dans la vie arabe.

Ces causes sont : Le divorce par compensation qui, en Kabylie, est en pleine vigueur et qui, depuis 1857, aurait dû, par l'autorité française, être rayé des kanouns kabyles ;

La famine de 1867 ;

La misère causée par l'abaissement de la fortune publique ;

Le manque absolu de surveillance sur les actes de mariage et de divorce passés devant les cadis ;

La fausse situation de la femme arabe au point de vue juridique et administratif français ;

Les abus de la police des mœurs.

Les deux cas suivants, d'une rigoureuse exactitude, sont de nature à corroborer mes affirmations :

Un magistrat musulman, libertin, voleur et prévaricateur, recélait chez lui la femme d'un musulman fonctionnaire, citoyen français, qu'un différend de peu d'importance avait éloignée de son mari.

Huit plaintes verbales et écrites furent adressées à un haut fonctionnaire judiciaire, sa réponse fut :

« *Ah ! Monsieur, je le regrette, je ne puis* » *employer le droit strict.* »

Les tribunaux civils sont incompétents, attendu que l'acte de mariage, passé devant le cadi, est antérieur à l'acte de naturalisation.

Le cadi n'avait aucune arme ès-main pour faire respecter le jugement qu'il rendit, ordonnant, au domicile conjugal, la réintégration de la femme.

Pas de *manu militari*, pas de femme ; — complicité de tous.

Il est de la dernière évidence que ni la justice, ni l'administration, n'ont protégé la famille civique en ce cas.

Comme comble que je livre aux méditations de tous, j'ajoute qu'après quantité d'injures à son adresse, le citoyen fut, dans une lettre officielle, menacé de se voir appliquer le code de l'indigénat s'il persistait dans ses réclamations.

La lettre officielle ne fut pas prise au sérieux,

et le magistrat, auteur des menaces, en fut pour ses frais de prose et de factum.

Deuxième cas : Il y a huit mois à peine, un vieillard musulman de la ville de X*** a vu sa fille enlevée par un misérable sans profession avouable ; après plusieurs jours d'infructueuses recherches et d'angoisses mortelles, il la découvre enfin dans un hôtel mal famé.

Il requiert la police, et sitôt qu'il voit sa fille, il lui inflige une correction à laquelle eussent applaudi tous les pères de famille.

Conclusion : l'agent de police des mœurs mena ce père outragé à la geôle pendant que la fille disparaissait en compagnie de son ravisseur.

La douleur tua ce pauvre vieillard.

Lorsqu'un fonctionnaire, malgré ses droits établis, ne peut faire rentrer sa femme au domicile conjugal, lorsqu'un père, vengeur de son honneur outragé, est traîné en prison comme un malfaiteur pour avoir tenté, avec raison, d'arracher sa fille à la honte ; lorsqu'un pareil dévergondage social s'étale au grand jour, que doit penser la femme faible et ignorante ayant perdu tout sens moral et se croyant, par suite des erreurs judiciaires ou administratives, protégée dans son immoralité ?

L'honorable rédacteur du *Petit Algérien*, à la plume duquel nous devons de magnifiques articles sur l'instruction chez les indigènes, usera, j'en suis sûr, de son influence pour combattre les causes du mal que je lui signale.

Je regrette vivement cette longue digression, elle s'imposait.

Nous quittons ce sujet brûlant et nous revenons à nos moutons.

Le Koran et la tradition font à la femme arabe une condition supérieure à celle de l'homme ; dans le Koran nous lisons : « *Dieu nous a fait don, dans la famille, de filles et de garçons.* » Cette gradation a sa valeur dans le Livre Saint.

Dans la tradition le Prophète dit : « *Le paradis est aux pieds des mères.* » Ces deux citations sont plus que suffisantes pour prouver que nos principes sont superbes ; il ne faut en vouloir qu'à l'ignorance de ces principes ou à leur inconsciente pratique.

En terminant et sans chercher de transition, je crois devoir réfuter un reproche immérité qu'adressait un journal d'Alger aux indigènes qui s'attachent à l'étude de leur langue.

Je suis d'avis de les obliger à apprendre l'arabe concurremment avec la langue française, dont la connaissance s'impose irréfutablement, et il me semble qu'il suffit de mentionner les hautes fonctions qu'occupent MM. les arabisants français et musulmans, pour s'assurer de l'utilité de la langue arabe.

Je ne parle pas des trésors de sciences qui dorment dans les bibliothèques arabes et qui seraient fatalement perdus pour tout le monde si, par malheur, on décidait de bannir cette langue de nos écoles.

Je conclus :

Le décret du 13 février ne touche aucunement à notre foi religieuse, il est l'avant-garde de l'avenir social dont veut nous gratifier la France; envoyons, chers coreligionnaires, nos enfants à l'école, filles et garçons ; inspirons-nous des doctrines du Prophète et de nos savants, écartons de nous le conseil des ignorants, des gens hypocritement religieux qui se font une arme de notre ignorance et l'exploitent à leur profit personnel, ayons foi dans la générosité de la France et répondons par la soumission aux lois qu'elle décrète, surtout celle du 13 février.

Le haut esprit d'équité et de conciliation de M. le Gouverneur général est un sûr garant que toutes les fois que nous serons dans la bonne voie, nous pouvons amplement compter sur sa sollicitude.

M. le Président de la République et M. le Ministre de l'instruction publique lui ont laissé, en ce qui nous concerne, une grande latitude dans l'exécution du décret du 13 février.

Confiant dans son haut caractère, nous prenons la respectueuse liberté de lui proposer la mesure transitoire que nous croyons de nature à satisfaire la majeure partie des musulmans et concilier ainsi tous les intérêts sociaux.

1° Au personnel français des écoles de garçons, il serait adjoint un maître indigène professant une partie de la matinée seulement ;

2° Avec le personnel français des écoles de filles, créer un poste d'institutrice musulmane ;

3° A chaque inspection des écoles de filles, il sera adjoint une dame musulmane au choix de M. le Recteur de l'Académie.

4° La conduite des filles à l'école et à leur demeure, devra être rigoureusement faite par des parents, ou, à leur défaut, par des domestiques présentés à la directrice et agréés par elle ;

5° En raison de la hâtive nubilité des filles musulmanes et pour tranquilliser les mères de famille que cette précocité pourrait inquiéter, mêmement jusqu'à ce que les résultats obtenus soient reconnus satisfaisants pour les filles, le maximum d'âge sera abaissé à 10 ans.

Et maintenant, chers coreligionnaires, pénétrez-vous bien de ce que je vais vous dire :

Mes paroles sont l'expression du dévouement le plus absolu en ce qui touche nos intérêts :

1° En envoyant nos enfants à l'école, nous leur apprenons à aimer les enfants français, et les amitiés qui se contractent dans ces conditions sont les seules durables ;

2° Plus il y aura de filles à l'école, moins il y aura de femmes dans les maisons de prostitution ;

3° Plus il y aura de garçons sur les bancs des écoles, moins il y aura d'hommes sur les bancs de la police correctionnelle et de la cour d'assises.

L'instruction obligatoire, gratuite et laïque, répandue parmi nous sous les généreux auspices du Gouvernement français, porte en elle le secret de notre résurrection.

Alger, le 7 octobre 1883.

A. BRIHMAT.

Cette brochure a été publiée aux frais d'un grand nombre d'Indigènes musulmans, sur leur demande, étant les amis de l'instruction chez leurs coreligionnaires.